TODO SOBRE LAS CUÑAS

Tatiana Tomljanovic

Entre a **www.openlightbox.com** e ingrese el código único de este libro.

CÓDIGO DE ACCESO

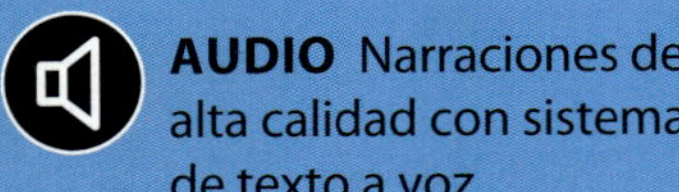

Lightbox es una completa solución digital para enseñar y aprender temas curriculares de una manera original e innovadora. Lightbox se basa en las Normas Curriculares Nacionales.

CARACTERÍSTICAS ESTÁNDAR DE LIGHTBOX

AUDIO Narraciones de alta calidad con sistema de texto a voz

ACTIVIDADES PDFs imprimibles que pueden enviarse por correo electrónico y calificarse

PRESENTACIÓN EN DIAPOSITIVAS Ilustraciones gráficas de los conceptos clave

VIDEOS Videoclips de alta definición incorporados

ENLACES WEB Enlaces cuidadosamente seleccionados con recursos seguros para niños

TRANSPARENCIAS Capas paso a paso de mapas, diagramas, cuadros y cronologías

MAPAS INTERACTIVOS Mapas interactivos e imágenes satelitales aéreas

CUESTIONARIOS Diez preguntas de elección multiple con puntaje automático que se envían por correo electrónico al docente para su evaluación

PALABRAS CLAVE Combinación de los conceptos clave con sus definiciones

CONTENIDOS

La cuña

La cuña es un elemento triangular que se suele usar para dividir objetos duros o separar **fluidos** como el aire o el agua. Por ejemplo, los arados con forma de cuña cortan el suelo duro. La cola de los autos de carrera llevan unas cuñas oblicuas llamadas alerones para separar el aire que atraviesan los autos que van a gran velocidad. La proa, o frente, de los barcos tiene forma de cuña para ir separando el agua y el hielo a su paso.

La cuña es una máquina simple. Las máquinas son aparatos que usan **energía** para hacer una tarea. Hay seis tipos de máquinas simples: el plano inclinado, la palanca, la polea, el tornillo, la cuña y la rueda y el eje. Las máquinas simples facilitan el **trabajo**, pero por sí mismas, no generan ningún tipo de energía adicional, sino que cambian el **esfuerzo** que se necesita para hacer las tareas.

160 pies

McKinleyville, California, tiene el tótem de una sola pieza de madera más grande del mundo. Este tótem fue tallado con cuñas. (49 metros)

La carrera de larga distancia más antigua es las 24 horas de Le Mans en Francia.

El arado más grande del mundo mide 77 pies de ancho. (23 m)

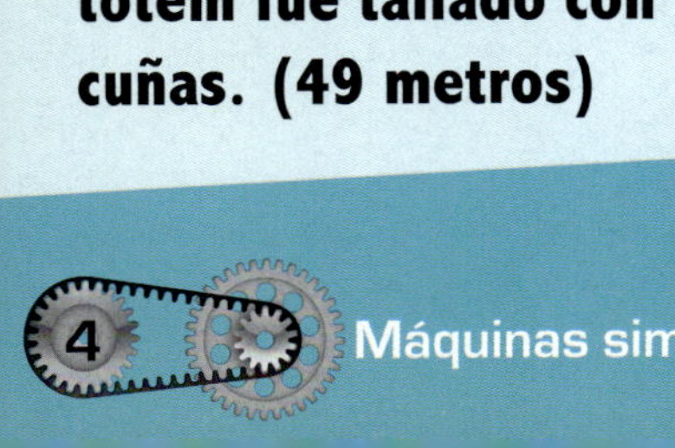

Los arados tienen diferentes tipos de cuñas para excavar y empujar la tierra. Los agricultores usan tractores con arado para remover y ablandar el suelo.

Las máquinas simples

El plano inclinado y la palanca son las máquinas simples más básicas de todas. Incluso pueden encontrarse en otros tipos de máquinas simples.

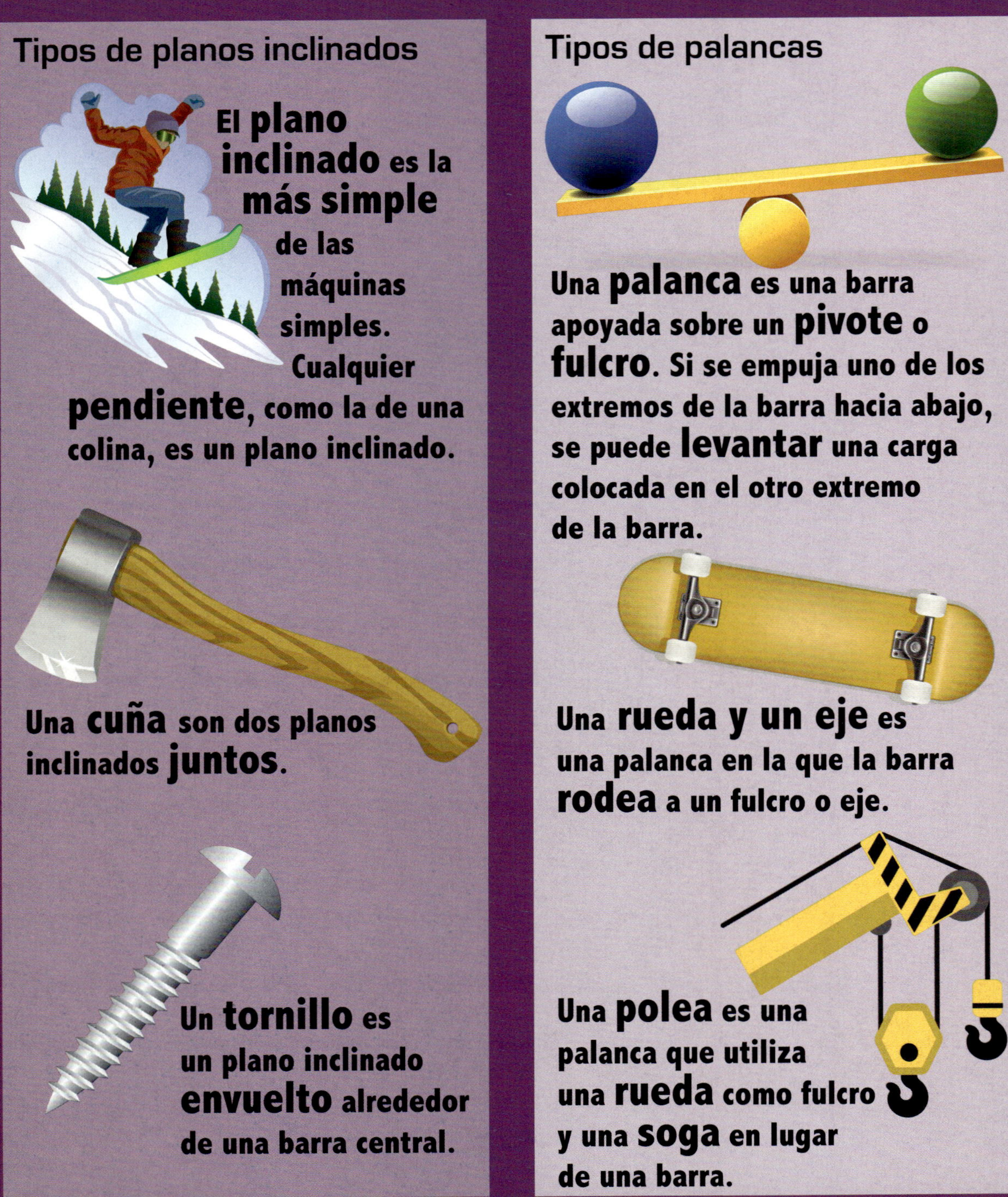

Tipos de planos inclinados

El **plano inclinado** es la **más simple** de las máquinas simples. Cualquier **pendiente**, como la de una colina, es un plano inclinado.

Una **cuña** son dos planos inclinados **juntos**.

Un **tornillo** es un plano inclinado **envuelto** alrededor de una barra central.

Tipos de palancas

Una **palanca** es una barra apoyada sobre un **pivote** o **fulcro**. Si se empuja uno de los extremos de la barra hacia abajo, se puede **levantar** una carga colocada en el otro extremo de la barra.

Una **rueda y un eje** es una palanca en la que la barra **rodea** a un fulcro o eje.

Una **polea** es una palanca que utiliza una **rueda** como fulcro y una **soga** en lugar de una barra.

De lo simple a lo complejo

Las máquinas simples pueden combinarse para hacer otros tipos de máquinas. El nuevo aparato formado por la combinación de máquinas simples se llama máquina compuesta o compleja. Las cuñas se pueden usar con otras máquinas simples para crear muchos aparatos útiles.

La motosierra
Los dientes de una sierra son cuñas. En una motosierra, los dientes están unidos a una cadena móvil. Un motor hace girar una rueda y eje que hace que la cadena se mueva.

La cortadora de césped
Las cortadoras de césped son máquinas complejas que usan hojas para cortar el pasto u otras plantas. Las hojas son cuñas. Las ruedas y ejes las hacen girar.

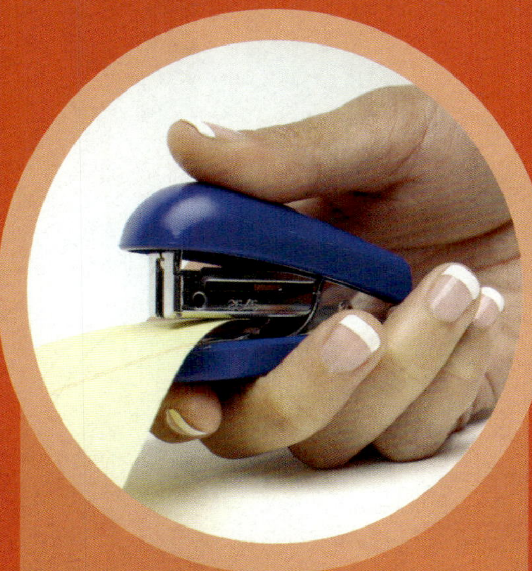

La grapadora
La grapadora es una palanca con el fulcro en un extremo. Las grapas son cuñas que atraviesan trozos de papel y los mantienen unidos.

El uso de las cuñas

Con el paso del tiempo, se han encontrado muchos usos para las cuñas. En el antiguo Egipto, se usaban cuñas de bronce para cortar bloques de piedra destinados a la construcción. Los indígenas americanos hacían puntas de flecha con forma de cuña con una piedra blanda llamada obsidiana.

Las cuñas estrechas y puntiagudas, como los clavos, sirven para sujetar objetos. Las puntas de los tenedores y cuchillos son cuñas. Las hojas de afeitar son cuñas que cortan el pelo. A veces, la gente usa cuñas de papel para nivelar las patas de una silla.

Las flechas tienen puntas con forma de cuña unidas a una varilla. Se las puede lanzar hacia un objetivo en la distancia.

La utilidad de las cuñas

En todo el mundo se usan cuñas todos los días.

El martillo neumático

Un martillo neumático puede romper superficies duras, como paredes o aceras. El aparato tiene un motor que hace que la hoja con forma de cuña golpee la superficie y la parta.

La cremallera

La cremallera usa una cuña para unir o separar dos filas de dientes. El deslizador de la cremallera es una cuña que corre por la fila de dientes.

Las tijeras

Las hojas de un par de tijeras son cuñas. Cuando las tijeras se cierran, las hojas cortan lo que hay entre ellas.

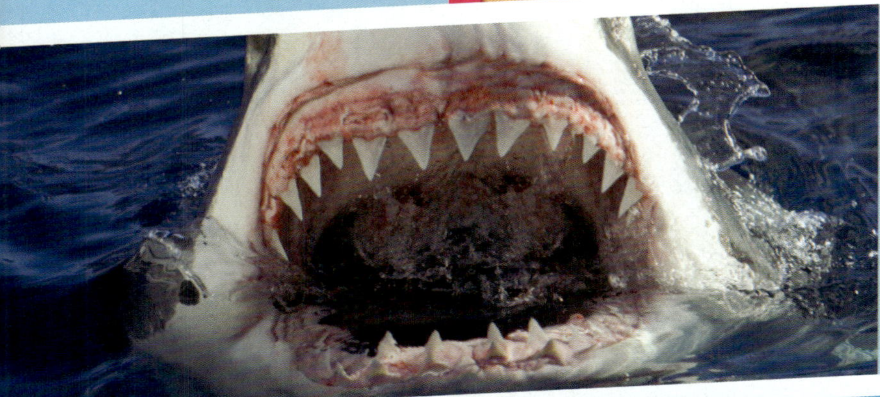

Los dientes

Los dientes del tiburón son cuñas muy filosas. Los tiburones y otros animales, incluido el hombre, usan sus dientes para desgarrar la comida.

Las cuñas del mundo

Por su forma **inclinada**, la cuña puede ser útil para impedir que los objetos se muevan o deslicen. Por ejemplo, los topes de puerta son cuñas, al igual que los tacones con forma de cuña de muchos zapatos. Cuando se debe examinar un vehículo, se colocan cuñas llamadas calzas en los neumáticos para que no se muevan.

1

ESTADOS UNIDOS La primera máquina quitanieves se usó en Milwaukee, Wisconsin, en 1862. Sus creadores siguen siendo los principales fabricantes de equipos para remover nieve.

2

CHILE Chile tiene seis de las 10 minas de cobre más grandes del mundo, incluida la que está cerca de la ciudad de Calama. Las máquinas excavadoras usan palas con forma de cuña para recoger el suelo y la roca que contiene el cobre.

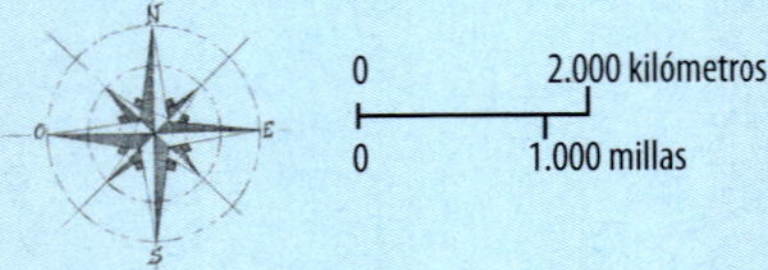

Otras cuñas se usan para separar el aire y el agua y así poder moverse más rápido por estos fluidos. Muchas máquinas complejas que realizan trabajos importantes tienen cuñas. Este mapa muestra ejemplos de la utilidad de las cuñas en todo el mundo.

FRANCIA La aeronave espacial IXV de la Agencia Espacial Europea, que tiene forma de cuña para atravesar el aire que rodea a la Tierra, fue exhibida en un espectáculo aéreo de París, Francia, después de su primer vuelo en 2015.

AUSTRALIA Las tablas de *bodyboard* son cuñas para surfear las olas. Las grandes olas de Costa de Oro, en Australia, atraen a surfistas de todo el mundo.

Las cuñas de la antigüedad

Los cinceles son un tipo de cuña que se usa para picar material, como la piedra, golpeando la parte ancha del cincel con un martillo o maza. Esto empuja el extremo filoso contra la piedra partiéndola de a pedacitos. Los cinceles se han usado por miles de años tanto en forma práctica como artística. En el año 2500 a. C. se usaron cinceles para dar forma a las piedras de las pirámides egipcias. Los artistas de la antigüedad usaban cinceles para hacer esculturas de materiales como el mármol.

Ya en el siglo 5 a. C., los escultores griegos usaban cinceles para crear figuras mucho más naturales y realistas que cualquier otra escultura realizada hasta el momento. Las esculturas griegas influyeron en el arte de muchas otras culturas posteriores y continúan inspirando a artistas de todo el mundo.

Muchos escultores actuales siguen usando el cincel y el martillo para tallar el mármol y otros materiales y convertirlos en obras de arte.

Las cuñas a lo largo del tiempo

3,4 millones de años a. C.
Los ancestros del hombre hacen herramientas cortantes con piedras.

11000 a. C.
Los clovis usan cuñas de piedra para cortar y cazar en América.

3200 a. C.
Comienza en Europa la Edad del Bronce y se producen las primeras herramientas cortantes metálicas.

2000 a. C.
Los pueblos mesopotámicos del Medio Oriente usan un tipo de tijera simple.

100 d. C.
Los antiguos romanos inventan el tipo de tijeras que se usan actualmente.

Aproximadamente en el año 500
Los agricultores colocan ruedas en los arados mejorando así la agricultura.

1600s
El científico italiano Galileo Galilei demuestra que las máquinas simples no generan energía.

1837
El herrero estadounidense John Deere fabrica un arado con piezas de acero que puede atravesar el lodo sin quedarse atascado.

1913
El ingeniero sueco-americano Gideon Sundback **patenta** la cremallera que se usa en la actualidad.

1928
El inventor estadounidense Jacob Schick patenta la primera rasuradora eléctrica.

Los escaladores usan herramientas con forma de cuña y botas con cuñas para agarrarse a las superficies resbalosas. Hacen fuerza con los músculos de los brazos y piernas para clavar las cuñas en los acantilados de hielo.

La fuerza y el movimiento

La fuerza es un empujón o tirón que hace que un objeto se mueva o cambie su dirección. Cuando un objeto no se mueve, o está quieto, todas las fuerzas están balanceadas. Este balance se llama equilibrio.

Cuando los científicos estudian el movimiento de los objetos, hay tres medidas que tienen en cuenta. Calculan el peso del objeto, la velocidad a la que se mueve y la cantidad de fuerza que está haciendo que el objeto se mueva. Entender las fuerzas, cómo afectan a los objetos y cómo se afectan los objetos entre sí, puede facilitar el movimiento y funcionamiento de los objetos.

La fuerza de gravedad

La gravedad es una fuerza que atrae a los objetos entre sí. Todos los objetos tienen algo de gravedad, aunque suele ser muy débil. La gravedad de un objeto está relacionada con su masa, o la cantidad de material que contiene. Cuanto mayor sea su masa, mayor será su fuerza de gravedad. La Tierra es un objeto enorme con una gran cantidad de masa. Esto significa que tiene una gravedad muy fuerte que atrae a los objetos hacia su centro.

La gravedad de la Tierra es lo que da peso a los objetos que están sobre su superficie. Lo que un objeto pesa en la Tierra depende de la cantidad de masa que tenga. Por ejemplo, un ladrillo de arcilla tiene más masa que un trozo de poliestireno extruido del mismo tamaño. Por lo tanto, el ladrillo de arcilla es más pesado en la Tierra.

Masa vs. Peso

A veces, la gente cree que la masa y el peso son lo mismo, pero no es así. La masa de un objeto es siempre la misma. Su peso puede cambiar dependiendo del lugar donde se encuentre.

La masa se suele medir en kilogramos (kg), mientras que el peso se mide en libras. Una persona con 91 kilogramos de masa, pesa 200 libras en la Tierra. Esto es porque la gravedad de la Tierra atrae a una masa de 91 kilogramos con una fuerza de 200 libras. La luna tiene una gravedad mucho menor, por lo que la misma persona pesa menos allí. La gravedad de la luna atrae a una masa de 91 kilogramos con una fuerza de solo 33 libras. Esa misma persona prácticamente no tiene peso dentro de una nave espacial porque hay muy poca gravedad. A pesar de seguir teniendo una masa de 91 kilogramos, la persona pesa 0 libras.

Trabajando con la fuerza

La fricción es otra fuerza que puede afectar a los objetos. Se genera fricción cuando dos superficies se tocan. A mayor fricción, mayor agarre entre las superficies. Esto puede dificultar el movimiento de un objeto sobre la superficie del otro.

Las cuñas se suelen usar para cortar objetos. El borde de una cuña se desgasta con el tiempo. Esto ocurre por la fricción que se genera cuando la cuña corta un objeto.

La azada y la pala son herramientas de jardinería que permiten aplicar la fuerza en las hojas con forma de cuña. Con estas herramientas se puede remover o partir la tierra con facilidad.

En la ciencia, cuando se usa una fuerza para mover un objeto a lo largo de una distancia, se genera trabajo. Para que haya trabajo, la fuerza debe aplicarse en la misma dirección en la que se mueve el objeto. Por ejemplo, levantar un objeto del suelo es trabajo. La fuerza se aplica en dirección ascendente y el objeto se mueve hacia arriba. Cuando la fuerza necesaria para mover un objeto aumenta, también aumenta la cantidad de trabajo. El trabajo necesario para mover un objeto también aumenta cuando aumenta la distancia a la que se lo mueve.

Calculando el trabajo

La cantidad de trabajo necesario para levantar una bola de 10 libras (4,5 kg) cambia según la distancia a la que se la levante. Para calcular el trabajo, el peso de la bola se multiplica por la altura a la que se la levantará.

10 x 2 = 20

Se necesitan 20 libras (9,1 kg) de esfuerzo para levantar la bola 2 pies (0,6 m).

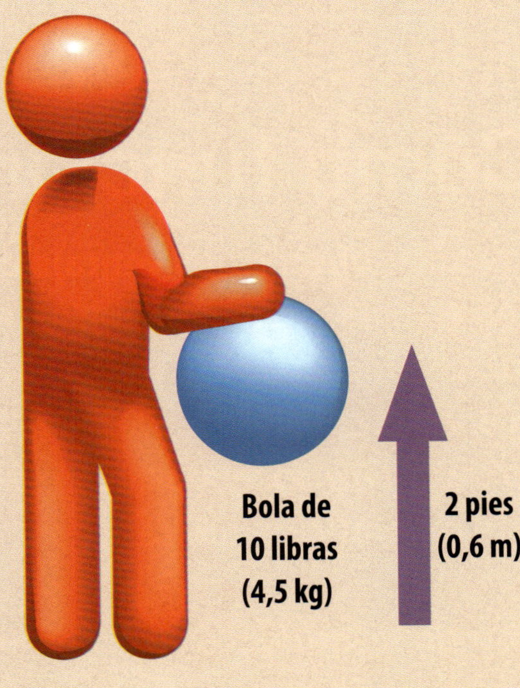

Los rescatistas usan herramientas con forma de cuña, como hachas, para ingresar a los vehículos y edificios durante las emergencias.

Cómo funcionan las cuñas

Las cuñas ofrecen una **ventaja mecánica**. Se necesita menos trabajo para separar un objeto usando una cuña que sin ella. Lo que proporciona la ventaja mecánica es la forma de la cuña. Cuando la cuña se mueve hacia adelante o hacia abajo, la fuerza aplicada en el extremo ancho se **concentra** en el extremo delgado. Esto **magnifica** la fuerza.

Cuando se introduce una cuña en un objeto, primero entra la parte más delgada y luego la más ancha. Esto separa los lados del objeto y lo divide en dos. La forma de la cuña influye en su **eficiencia**.

Las cuñas largas y delgadas, como los cuchillos, separan a los objetos con menos fuerza que las cortas y gruesas, como las hachas. Pero, las cuñas delgadas deben recorrer una mayor distancia que las anchas para que el objeto se parta. Si bien se necesita menos fuerza para realizar la tarea, esa fuerza debe aplicarse a lo largo de una mayor distancia.

Calculando el esfuerzo

La cantidad de esfuerzo necesario para partir un bloque de madera en dos cambia según el grosor de la cuña. ¿Qué ocurre si se aplica la misma fuerza de 10 libras (4,5 kg) a tres cuñas diferentes?

10 libras (4,5 kg) de fuerza
La cuña delgada hace un corte profundo pero la madera se separa muy poco.

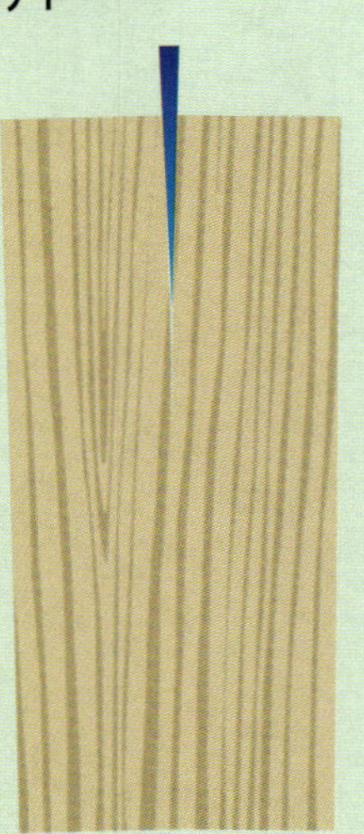

10 libras (4,5 kg) de fuerza
La cuña mediana hace un corte menos profundo pero la madera se separa un poco más.

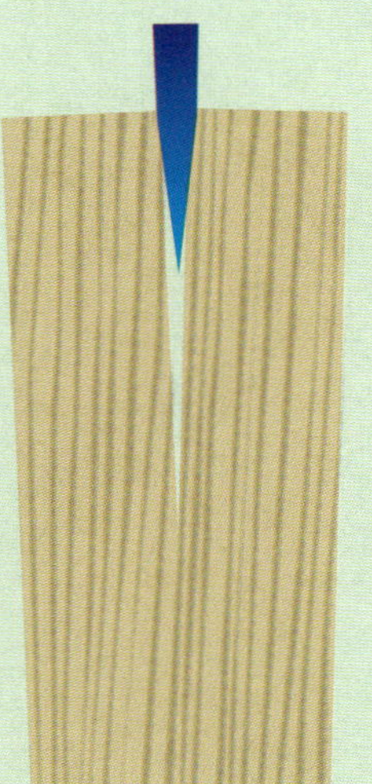

10 libras (4,5 kg) de fuerza
La cuña gruesa no hace un corte profundo ni separa mucho la madera. Se necesita más fuerza.

¿Qué es un escultor?

Un escultor es un artista que suele trabajar con arcilla, piedra o bronce. Con estos materiales, los escultores crean obras de arte **tridimensionales**, como estatuas. Estos artistas van a escuelas de arte o trabajan con artistas experimentados para aprender sobre su arte. Los escultores aprenden a usar cinceles y cuchillas, además de otras herramientas, como sopletes. Se necesita mucha práctica, paciencia y habilidad para ser un escultor. El más mínimo error puede arruinar una escultura.

Los artistas que tallaron la escultura del monte Rushmore de Dakota del Sur entre 1927 y 1941 usaron diferentes herramientas, como martillos neumáticos y cinceles.

Gertrude Whitney

Gertrude Vanderbilt Whitney fue una escultora estadounidense nacida en 1875. Whitney fue contratada para crear esculturas especiales en todo el mundo. Creó la obra llamada Alas para una Feria Mundial que se inauguró en Nueva York en 1939. Whitney fue una fuerte defensora de las mujeres artistas. En 1929, fundó el Museo de Arte Americano Whitney de Nueva York.

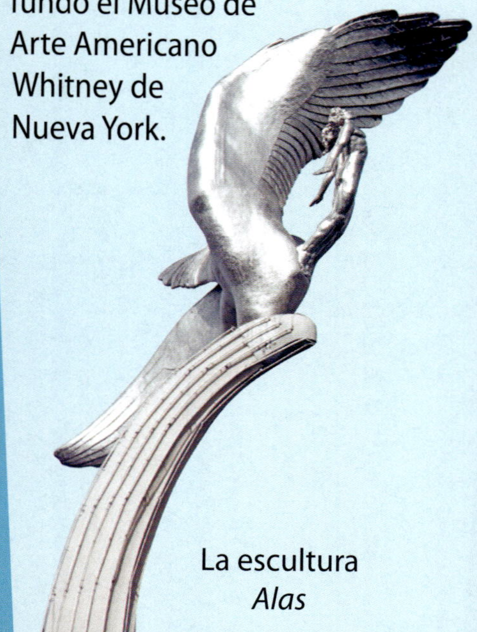

La escultura *Alas*

Acertijos

1 ¿Qué es una cuña?

2 ¿Cuántos tipos de máquinas simples hay?

3 ¿Qué parte del cuerpo con forma de cuña usa el tiburón para desgarrar la comida?

4 ¿Qué tipo de cuña ha sido utilizada tanto por los canteros como por los escultores?

5 ¿Qué dispositivo que usa cuñas para separar las partes de la ropa inventó Gideon Sundback?

6 ¿Qué son las calzas?

7 ¿Qué científico fue el primero en demostrar que las máquinas simples no generan energía?

8 En la ciencia, ¿cuál es la definición de trabajo?

9 ¿De qué forma proporcionan una ventaja mecánica las cuñas como las hachas?

10 ¿Qué es el equilibrio?

RESPUESTAS: 1. Una cuña es una herramienta triangular con un borde filoso que puede partir o separar objetos, sostener a un objeto en su lugar o levantar un objeto. 2. Hay seis tipos de máquinas simples. 3. Los dientes del tiburón son cuñas que usa para desgarrar la comida. 4. Ambos utilizaron cinceles para dar forma a las piedras. 5. Gideon Sundback inventó la cremallera. 6. Las calzas son cuñas que se pueden usar para impedir que las ruedas de un vehículo se muevan. 7. Galileo Galilei demostró que las máquinas simples no generan energía. 8. El trabajo es la fuerza aplicada a lo largo de una distancia para mover un objeto. 9. La fuerza aplicada en el extremo ancho se concentra en el extremo filoso. 10. El equilibrio es un estado en el que todas las fuerzas que actúan sobre un objeto están balanceadas.

Cuñas en acción

Las cuñas pueden ser muy útiles para solucionar problemas cotidianos, como un mueble inestable. Intenta arreglar una silla floja para ver cómo funcionan las cuñas.

Materiales que necesitas

Un trozo de papel

Una silla floja

Instrucciones

1 Busca una silla que tenga una pata desnivelada.

2 Dobla un trozo de papel a la mitad cuatro o cinco veces.

3 Trata de colocar el papel debajo de cada pata de la silla.

4 ¿El papel se deslizó debajo de cada pata con la misma facilidad cuando pusiste el borde doblado primero o el borde suelto? ¿Se niveló la silla cuando colocaste la cuña de papel debajo de una de las patas?

Palabas clave

concentra: enfoca en un área pequeña

eficiencia: capacidad de obtener un resultado deseado con el menor esfuerzo posible

energía: fuerza necesaria para hacer un trabajo

esfuerzo: energía que se usa para mover algo

fluidos: sustancias sin forma fija, como el aire o el agua

inclinada: desnivelada, pero sesgada hacia arriba o abajo

magnifica: agranda o fortalece

patenta: recibe una autorización del gobierno para controlar quién puede hacer, usar o vender algo por un tiempo determinado

trabajo: fuerza aplicada a lo largo de una distancia para mover un objeto

tridimensionales: que tienen longitud, altura y profundidad

ventaja mecánica: medida de cuánto más fácil es una tarea cuando se usa una máquina simple

Index

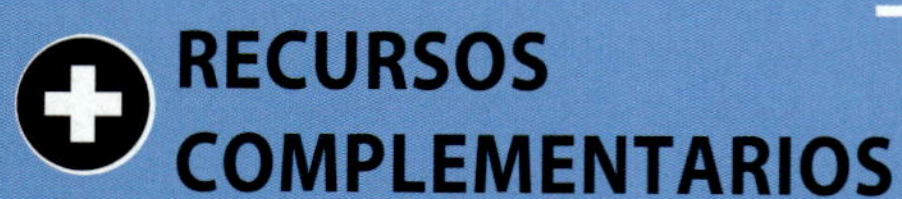

RECURSOS COMPLEMENTARIOS

Haga clic en el signo ⊕ que se encuentra en la esquina inferior izquierda de cada hoja para abrir más recursos para docentes.

- Descargue e imprima los cuestionarios y actividades del libro
- Acceda a las correlaciones curriculares
- Explore otras aplicaciones web que optimizan la experiencia de Lightbox

TÍTULOS DIGITALES DE LIGHTBOX

Incluyen un paquete completo de medios integrados

VIDEOS

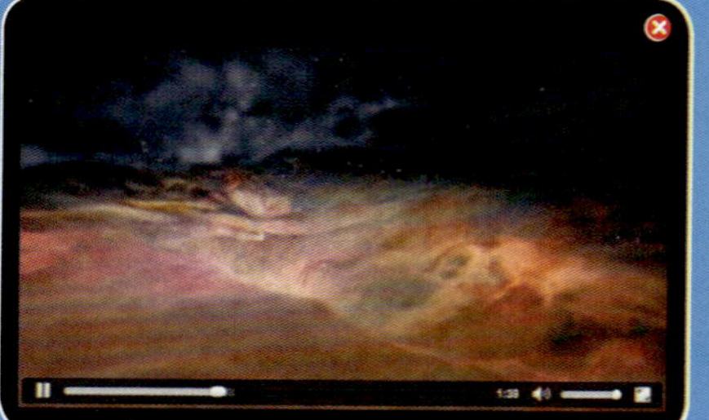

MAPAS INTERACTIVOS

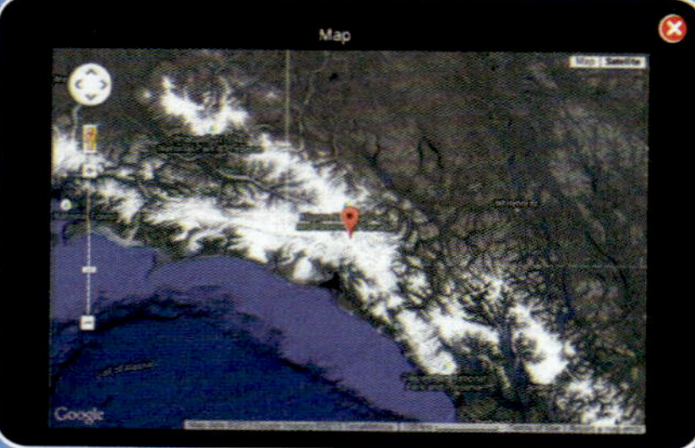

ENLACES WEB

PRESENTACIONES EN DIAPOSITIVAS

CUESTIONARIOS

OPTIMIZADO PARA

- ✓ TABLETAS
- ✓ PIZARRAS ELECTRÓNICA
- ✓ COMPUTADORAS
- ✓ ¡Y MUCHO MÁS!

Published by Smartbook Media, Inc.
350 5th Avenue, 59th Floor New York, NY 10118
Website: www.openlightbox.com

Spanish Project Coordinator: Sara Cucini
Spanish Editor: Translation Cloud LLC
Project Coordinator: Heather Kissock
Art Director: Terry Paulhus

Library of Congress Control Number: 2017961979

ISBN 978-1-5105-3428-5 (hardcover)
ISBN 978-1-5105-3429-2 (multi-user ebook)

Printed in Brainerd, Minnesota, United States
1 2 3 4 5 6 7 8 9 0 22 21 20 19 18

042018
011518

Every reasonable effort has been made to trace ownership and to obtain permission to reprint copyright material. The publisher would be pleased to have any errors or omissions brought to its attention so that they may be corrected in subsequent printings.

The publisher acknowledges Corbis, Getty Images, and iStock as its primary image suppliers for this title.